BEI GRIN MACHT SICH IHR WISSEN BEZAHLT

AF167235

- Wir veröffentlichen Ihre Hausarbeit, Bachelor- und Masterarbeit

- Ihr eigenes eBook und Buch - weltweit in allen wichtigen Shops

- Verdienen Sie an jedem Verkauf

Jetzt bei www.GRIN.com hochladen und kostenlos publizieren

Bibliografische Information der Deutschen Nationalbibliothek:

Die Deutsche Bibliothek verzeichnet diese Publikation in der Deutschen National-bibliografie; detaillierte bibliografische Daten sind im Internet über http://dnb.d-nb.de/ abrufbar.

Dieses Werk sowie alle darin enthaltenen einzelnen Beiträge und Abbildungen sind urheberrechtlich geschützt. Jede Verwertung, die nicht ausdrücklich vom Urheberrechtsschutz zugelassen ist, bedarf der vorherigen Zustimmung des Verla-ges. Das gilt insbesondere für Vervielfältigungen, Bearbeitungen, Übersetzungen, Mikroverfilmungen, Auswertungen durch Datenbanken und für die Einspeicherung und Verarbeitung in elektronische Systeme. Alle Rechte, auch die des auszugsweisen Nachdrucks, der fotomechanischen Wiedergabe (einschließlich Mikrokopie) sowie der Auswertung durch Datenbanken oder ähnliche Einrichtungen, vorbehalten.

Impressum:

Copyright © 2020 GRIN Verlag
Druck und Bindung: Books on Demand GmbH, Norderstedt Germany
ISBN: 9783346192806

Dieses Buch bei GRIN:

https://www.grin.com/document/901646

Mika Landeck

Aus der Reihe: e-fellows.net stipendiaten-wissen

e-fellows.net (Hrsg.)

Band 3464

Digitale Signaturen. Das Lamport-Diffie-Einmal-Signaturverfahren, RSA-Signaturverfahren, Merkle-Signaturverfahren und der Digital Signature Algorithm

GRIN Verlag

GRIN - Your knowledge has value

Der GRIN Verlag publiziert seit 1998 wissenschaftliche Arbeiten von Studenten, Hochschullehrern und anderen Akademikern als eBook und gedrucktes Buch. Die Verlagswebsite www.grin.com ist die ideale Plattform zur Veröffentlichung von Hausarbeiten, Abschlussarbeiten, wissenschaftlichen Aufsätzen, Dissertationen und Fachbüchern.

Besuchen Sie uns im Internet:

http://www.grin.com/

http://www.facebook.com/grincom

http://www.twitter.com/grin_com

Digitale Signaturen

Seminar Einführung in die Kryptografie

Mika Landeck
Lehramt für Gymnasien
Friedrich-Alexander-Universität Erlangen-Nürnberg
Lehrstuhl für Software Engineering

22. Januar 2020

Inhaltsverzeichnis

1 Einführung

1.1 Motivation

Es gibt viele verschiedene Verschlüsselungsverfahren, die Informationen beim digitalen Kommunikation vor Abhörern geheim halten. Jedoch bieten diese Verfahren keine Möglichkeit die Integrität und Authentizität von Dokumenten zu prüfen oder die Nicht-Abstreitbarkeit der Autorenschaft zu gewährleisten.

Der Begriff der **Integrität eines Dokuments** bedeutet dabei, dass dieses seit seiner Erstellung nicht geändert wurde.

Die **Authentizität des Dokuments** meint, dass der Verfasser seine Urheberschaft eindeutig belegen kann.

Und **Nicht-Abstreitbarkeit** heißt, dass der Verfasser des Dokuments seine Urheberschaft zu keinem Zeitpunkt abstreiten kann. [vgl. Buc16, Kapitel 12.1]

Bei einem analogen Brief, können die genannten Punkte durch eine simple Unterschrift (zumindest weitestgehend) sicher gestellt werden. Um auch im digitalen Informationsaustausch diese Eigenschaften zusichern zu können, benötigt man **digitale Signaturen**. Diese werden in der Praxis zur Authentisierung von Softwareupdates oder im digitalem Nachrichtenverkehr genutzt. Sie ermöglichen eine nicht-abstreitbare elektronische Steuererklärung, aber auch anonymen digitalen Geldtransfer durch den Einsatz von blinden Signaturen (siehe Abschnitt 2.2.5). Tatsächlich sind digitale Signaturverfahren so wichtig, dass ihre Verwendung in Deutschland sogar durch das Signaturgesetz gesetzlich vorgeschrieben war. Nachdem dieses 2016 außer Kraft getreten ist, wird von der Bundesnetzagentur auf die Kriterien im SOGIS-Kryptokatalog verwiesen (siehe [Sch16]), um weiterhin einen hohen Sicherheitsstandard zu wahren.

Digitale Signaturen sind also von großem praktischen Nutzen, da sie nötig sind, um sicheren Datenverkehr zu gewährleisten.

1.2 Idee

Hier die Idee, wie ein digitales Signaturverfahren konkret realisiert werden kann (siehe [Buc16, Kapitel 12.1] oder [Car16, S. 3]).

Zunächst einmal wird ein **Schlüsselerzeugungsalgorithmus** benötigt. Er gibt Schlüsselpaare (d, e) aus, wobei d der private Signierschlüssel und e der öffentliche Verifikationsschlüssel ist.

Desweiteren braucht man einen **Signieralgorithmus**, der aus einem Dokument x und einem Signierschlüssel d eine digitale Signatur s berechnet.

Zuletzt wird noch ein **Verifikationsalgorithmus** verwendet, um für ein Dokument x, eine Signatur s und einen öffentlichen Schlüssel e zu entscheiden, ob s das Ergebnis des Signieralgorithmus unter der Eingabe von dem zu e gehörenden privaten Schlüssel d und dem Dokument x ist. Wenn dies der Fall ist, ist die Signatur s "gültig". Andernfalls ist s "ungültig".

1.3 Sicherheit

So wie kryptographische Verschlüsselungsverfahren werden auch Signaturverfahren zum Ziel von Angreifern. Diese versuchen Schwächen im Verfahren und abgehörte Informationen auszunutzen, um Fälschungen von Signaturen zu erzeugen.

1.3.1 Angriffsziele

Ziel der Angreifer ist es also gültige Signaturen zu erzeugen, ohne den Signierschlüssel zu kennen. Dabei wird nach dem Ausmaß der Fälschungsmöglichkeiten unterschieden (siehe [Buc16, Kapitel 12.4.1]).

Ist eine **existenzielle Fälschung** das Ziel, wird versucht simultan ein Paar (m, s) zu berechnen, so dass s eine gültige Signatur der Nachricht m ist. Die Relevanz einer solchen Fälschung wird im folgenden Szenario klar: Person B möchte Person A durch eine beliebige von A signierte Nachricht identifizieren. Der Angreifer sendet nun irgendeine Nachricht und ihre gültige A-Signatur an B. Daraufhin hält B den Angreifer für A.
Selektive Fälschung nennt man das Fälschen von Signaturen zu ausgewählten Nachrichten ohne Kenntnis des Signierschlüssels.
Eine **universelle Fälschung** bedeutet für den Angreifer, dass er die Signaturen zu allen Nachrichten erzeugen kann (z.b. indem er den geheimen Signierschlüssel berechnet). Das Verfahren ist damit vollständig gebrochen.

1.3.2 Angriffstypen

Je nachdem wie viele Informationen dem Angreifer zur Verfügung stehen, unterscheidet man auch hierbei einige Angriffstypen (siehe [Buc16, Kapitel 12.4.2]).

Bei einem **No-Message-Angriff** kennt der Angreifer nur den öffentlichen Verifikationsschlüssel und sonst nichts.
Beim **Known-Message-Angriff** sind dem Angreifer neben dem öffentlichen Verifikationsschlüssel auch einzelne Nachrichten und ihre Signaturen bekannt.
Ein **Chosen-Message-Angreifer** kennt natürlich auch den öffentlichen Verifikationsschlüssel und kann sich außerdem Signaturen beliebiger Nachrichten (außer der Nachricht, deren Signatur er fälschen möchte) erzeugen lassen. Dies könnte beispielsweise bewerkstelligt werden, indem sich der Angreifer als Server ausgibt und von Person A zur Identifikation gültige Signaturen zu ausgewählten Nachrichten fordert.

1.3.3 Authentizität des öffentlichen Verifikationsschlüssels

Aber nicht nur Fälschungen können Signaturverfahren stören. Eine gültige Signatur kann nur als solche verifiziert werden, wenn der passende öffentliche Verifikationsschlüssel verwendet wird.
Ein Angreifer kann alle Nachrichten im Namen eines anderen signieren, wenn er es schafft seinen eigenen öffentlichen Schlüssel als den der anderen Person auszugeben.
Um die Authentizität von öffentlichen Verifikationsschlüsseln zu gewährleisten, werden

digitale Zertifikate genutzt. Diese sind in einer **Public-Key-Infrastruktur** organisiert. Mehr zu diesem Thema findet man in [Buc16, Kapitel 16].

2 Signaturverfahren

Nun werden wir einige Beispiele von Signaturverfahren betrachten. Deren genaue Funktionsweise wird in diesem Abschnitt beschrieben. Der Aufbau der Darstellung und die Beschreibung der Funktionsweise der Verfahren beruhen auf [Buc16, Kapitel 12].

2.1 Lamport-Diffie-Einmal-Signaturverfahren

Die erste Erwähnung fanden digitale Signaturen 1976 in einem Paper von Whitfield Diffie und Martin Hellman (siehe [Car16, S. 1]). Zu dieser Idee entstanden bald verschiedene Implementierungen. Leslie Lamport veröffentlichte 1979 eines der ersten digitalen Einmal-Signaturverfahren, das Lamport-Diffie-One-Time-Signature Scheme (LD-OTS), in [Lam79]. Der Name wurde so gewählt, weil jedes Schlüsselpaar bei diesem Verfahren nur einmal verwendet werden darf.

Das LD-OTS baut auf einer Einwegfunktion

$$h : \{0,1\}^k \rightarrow \{0,1\}^k$$

auf, wobei $k \in \mathbb{N}$ ein zuvor gewählter Sicherheitsparameter ist.

Das Lamport-Diffie-Einmal-Signaturverfahren wir im Folgenden auf Basis von [Buc16, Kapitel 12.3] und [Lam79] erklärt.

2.1.1 Schlüsselerzeugung

Die Schlüssel zum Signieren und Verifizieren bestehen aus 2 Bitstrings der Länge k pro Bit der zu signierenden Nachricht, welche k Bits lang ist. Der Signierschlüssel ist also eine $k \times 2k$ Bitmatrix

$$x = (x(0,1), x(1,1), x(0,2), x(1,2), ..., x(0,k), x(1,k)) \in \mathbb{Z}_2^{(k,2k)}.$$

Der zugehörige Verifikationsschlüssel geht aus dem Signierschlüssel durch Anwendung von h hervor. Er ist also

$$y = (y(0,1), y(1,1), y(0,2), y(1,2), ..., y(0,k), y(1,k))$$

$$= (h(x(0,1)), h(x(1,1)), h(x(0,2)), h(x(1,2)), ..., h(x(0,k)), h(x(1,k)))$$

Beispiel 2.1 *Sei der Sicherheitsparameter $k = 2$. Die Funktion h invertiert Bitstrings der Länge 2 bitweise. Es ist also z.B. $h(00) = 11$ und $h(10) = 01$. Dies ist zwar keine Einwegfunktion, aber zum Veranschaulichen der Funktionsweise von LD-OTS ist das auch nicht nötig.*

Person A wählt nun

$$(x(0,1), x(1,1), x(0,2), x(1,2)) = \begin{pmatrix} 1 & 0 & 1 & 0 \\ 0 & 1 & 1 & 0 \end{pmatrix}$$

als den geheimen Signierschlüssel. Damit ergibt sich für den Verifikationsschlüssel

$$(y(0,1), y(1,1), y(0,2), y(1,2)) = \begin{pmatrix} 0 & 1 & 0 & 1 \\ 1 & 0 & 0 & 1 \end{pmatrix}$$

durch Anwendung von h auf $x(0,1), x(1,1), x(0,2)$ und $x(1,2)$.

2.1.2 Signatur

Signiert werden mit LD-OTS Bitstrings der Länge k. Zum signieren beliebig langer Dokumente kann eine kryptographische Hashfunktion verwendet werden, die alle Nachrichten auf Hashwerte der Länge k abbildet.

Die Signatur s einer Nachricht $m = (m_1, ..., m_k) \in \{0,1\}^k$ wird aus den Bitstrings des Signierschlüssels gebildet. So ergibt sich die Matrix

$$s = (s_1, ..., s_k) = (x(m_1, 1), ..., x(m_k, k)).$$

Jede Signatur besteht also aus der Hälfte der Spalten des geheimen Signierschlüssels. Deshalb darf der selbe Schlüssel auch nie mehrmals verwendet werden.

Beispiel 2.2 *Es wird Beispiel 2.1 fortgesetzt.*
Person A möchte die Nachricht $m = (m_1 m_2) = (01)$ signieren. Dazu berechnet A aus dem zuvor gewählten Schlüssel die Signatur

$$s = (s_1, s_2) = (x(m_1, 1), x(m_2, 2)) = (x(0,1), x(1,2)) = \begin{pmatrix} 1 & 0 \\ 0 & 0 \end{pmatrix}.$$

2.1.3 Verifikation

Der Verifizierer benötigt die Einwegfunktion h, den Verifikationsschlüssel y, die Nachricht $m = (m_1, ..., m_k)$ und natürlich die Signatur $s = (s_1, ..., s_k)$, um diese zu überprüfen. Die Signatur wird akzeptiert, wenn

$$(h(s_1), ..., h(s_k)) = (y(m_1, 1), ..., y(m_k, k))$$

gilt. Andernfalls wird sie zurück gewiesen.

Beispiel 2.3 *Es wird Beispiel 2.2 fortgesetzt.*
Person B will die Signatur $s = \begin{pmatrix} 1 & 0 \\ 0 & 0 \end{pmatrix}$ von A verifizieren. Dazu berechnet B

$$(h(s_1), h(s_2)) = \left(h \begin{pmatrix} 1 \\ 0 \end{pmatrix}, h \begin{pmatrix} 0 \\ 0 \end{pmatrix} \right) = \begin{pmatrix} 0 & 1 \\ 1 & 1 \end{pmatrix}$$

und

$$(y(m_1, 1), y(m_2, 2)) = (y(0,1), y(1,2)) = \begin{pmatrix} 0 & 1 \\ 1 & 1 \end{pmatrix}.$$

Da die Ergebnisse übereinstimmen, wird die Signatur akzeptiert.

2.1.4 Sicherheit

Die Einweg-Eigenschaft der verwendeten Funktion h ist die einzige Sicherheitsvoraussetzung des LD-OTS Verfahrens. "Diese Voraussetzung ist minimal, weil die Existenz von sicheren Signaturverfahren und die Existenz von Einwegfunktionen äquivalent ist." [Buc16, S. 247]. Es ist jedoch keine Funktion bekannt, für die die Einweg-Eigenschaft bewiesen ist.

Gute Kandidaten für h gehen unter anderem aus kryptographischen Hashfunktionen hervor. Außerdem, falls sich eine Funktion h als unsicher herausstellt, kann diese leicht gegen eine sicherere Funktion ausgetauscht werden. Diese hohe Flexibilität ist ein großer Vorteil des LD-OTS Verfahrens.

Sehr gefährlich ist hierbei allerdings die Mehrfachverwendung von Schlüsseln. Angenommen ein Angreifer fängt zwei Paare $(m, s), (m', s')$ von Nachrichten m, m' und passenden Signaturen s, s', die mit dem selben privaten Schlüssel x erzeugt wurden, ab. Er kennt nun für alle Positionen i, an denen m und m' in ihrer Binärdarstellung unterschiedliche Bits haben (also wenn $m_i \neq m_i'$ gilt), die zwei Bitstrings $x(0, i)$ und $x(1, i)$. Das ermöglicht dem Angreifer eingeschränkte selektive Fälschungen. Er kann nämlich die Nachrichten m und m' an diesen Positionen i verändern und zu diesen Nachrichten gültige Signaturen erzeugen. Kennt er beispielsweise die Nachrichten 0^k und 1^k mit ihren Signaturen, kann er den Signierschlüssel sogar vollständig zusammen setzen und Signaturen zu jeder beliebigen Nachricht fälschen.

2.2 RSA-Signaturverfahren

Aus dem hinreichend bekannten RSA-Verschlüsselungsverfahren lässt sich auch ein RSA-Signaturverfahren ableiten. Zunächst werden wir die einfachste Form eines solchen Signaturverfahrens betrachten, welches später aufgrund einiger Sicherheitslücken noch angepasst wird.

Das RSA-Signaturverfahren wir im Folgenden auf Basis von [Buc16, Kapitel 12.5] und [Car16, S. 4] erklärt.

2.2.1 Schlüsselerzeugung

Die Schlüsselerzeugung funktioniert hierbei genauso wie bei der RSA-Verschlüsselung. Zuerst wähle man Primzahlen $p, q \in \mathbb{N}$, so dass der RSA-Modul $n = pq$ eine k-Bit-Zahl ist. Als nächstes wähle man $e \in \mathbb{N}$ mit $1 < e < \varphi(n)$ und $gcd(e, \varphi(n)) = 1$. Dadurch wird sicher gestellt, dass e modulo $\varphi(n)$ invertierbar ist. Jetzt berechne man mit dem erweiterten euklidischen Algorithmus eben dieses Inverse $d \in \mathbb{N}$ zu e, so dass $1 < d < \varphi(n)$ und $de \equiv 1 \ mod \ \varphi(n)$ gelten.

Der öffentliche Schlüssel ist nun das Paar (n, e). Der private Schlüssel ist d.

2.2.2 Signatur

Dieser Schritt entspricht dem Entschlüsseln beim RSA-Verschlüsselungsverfahren.
Die Signatur der Nachricht $m \in \mathbb{Z}_n$ ist

$$s = m^d \ mod \ n.$$

Dabei ist d der private Signierschlüssel.

2.2.3 Verifikation

Dieser Schritt entspricht dem Verschlüsseln beim RSA-Verschlüsselungsverfahren.
Der Verifikationsalgorithmus erhält den öffentlichen Schlüssel (n, e), ein Dokument $m \in \mathbb{Z}_n$ und seine Signatur $s \in \mathbb{Z}_n$. Um die Signatur zu verifizieren, rechnet der Algorithmus

$$m = s^e \ mod \ n.$$

Gilt die Gleichheit, wird die Signatur akzeptiert, andernfalls nicht.

Beispiel 2.4 *Person A wählt $p = 11, q = 23$ und $e = 3$. Daraus ergeben sich $n = p * q = 11 * 23 = 253$ und mit dem erweiterten euklidischen Algorithmus $d = 147$.*
Der öffentlicher Verifikationsschlüssel ist dann $(253, 3)$. Der private Signierschlüssel von A ist 147.
Nun will A an einem Geldautomaten 111 Euro abheben und dafür diesen Betrag signieren. Die Chipkarte von A berechnet

$$s = 111^{147} \ mod \ 253 = 89.$$

Der Geldautomat erhält die Signatur $s = 89$ und berechnet

$$m = s^3 \ mod \ 253 = 111.$$

Damit weiß der Geldautomat, dass Alice 111 Euro abheben möchte.

Tatsächlich muss - wie wir im Beispiel gesehen haben - die Nachricht m selbst gar nicht übermittelt werden. Der Verifizierer berechnet ja ohnehin $m = s^e \ mod \ n$ und falls sich hier für m eine sinnvolle Nachricht ergibt, weiß er, dass die Nachricht gültig signiert wurde. Solche Signaturen nennt man **Signaturen mit Nachrichten-Gewinnung**.
Allerdings kann in der Praxis aus dieser Eigenschaft kaum Nutzen gezogen werden. Denn zum einen ist die Berechnung einer größeren Nachricht aus der Signatur recht ineffizient, zum anderen stellt es ein Sicherheitsrisiko dar, die Nachricht nicht mitzusenden. Es ist nämlich nicht immer klar, wann das Ergebnis von $s^e \ mod \ n$ eine "sinnvolle Nachricht" ist. Bei komprimierten Daten oder Verwendung von Bitflags kann nämlich jede zufällige Folge von Bits einen Sinn ergeben. Dieses Problem wird im nächsten Abschnitt an einem Beispiel untersucht.

2.2.4 Sicherheit

Grundsätzlich geht die Sicherheit des RSA-Signaturverfahrens aus der Schwierigkeit des Faktorisierungsproblems hervor. Für ausreichend große k gilt dieses aktuell als sicher. Das bisher beschriebene einfache RSA-Signaturverfahren hat allerdings noch einige Sicherheitslücken.

Es ermöglicht existentielle Fälschungen. Ein No-Message-Angreifer kann einfach eine zufällige Zahl $s \in (0, ..., n-1)$ wählen und behaupten, dass s eine gültige RSA-Signatur der Person A sei. Der Verifizierer B berechnet dann $m = s^e \bmod n$ und glaubt, A habe die Nachricht m für ihn signiert.

Beispiel 2.5 *Wir befinden uns im selben Szenario wie in Beispiel 2.4. Der Angreifer verwendet wie A eine Chipkarte, die $s = 123$ an den Geldautomaten schickt. Der Automat berechnet dann $m = 123^3 \bmod 253 = 52$. Er glaubt nun, dass A den Betrag von 52 Euro abheben will. Tatsächlich hat A aber die 52 Euro nie unterschrieben.*

Außerdem kann auch die Multiplikativität von RSA ausgenutzt werden. Ein Chosen-Message-Angreifer kann so jede Nachricht $m \in \mathbb{Z}_n$ fälschen.

Er wählt zuerst eine andere Nachricht $m_1 \in \mathbb{Z}_n$, für die $gcd(m_1, n) = 1$ gilt. Damit berechnet er $m_2 = mm_1^{-1} \bmod n$. Anschließend lässt er sich die beiden Nachrichten m_1 und m_2 signieren. Nun kann er aus den Signaturen s_1 und s_2 die Signatur $s = s_1 s_2 \bmod n$ der Nachricht m berechnen und so selektive Fälschungen erzeugen.

2.2.5 Blinde Signaturen

In diesem Abschnitt werden wir sehen, dass die Multiplikativität von RSA auch konstruktiv genutzt werden kann. Nämlich zur Erzeugung blinder Signaturen. Der Name kommt daher, dass blinde Signaturen eine anonyme Form von digitalen Signaturen darstellen; dabei "sieht" die signierende Instanz nicht, welche gültige Signatur später verifiziert wird. Diese Technologie wird beispielsweise für digitale Währungen genutzt.

Ein einfaches Blinde-Signaturverfahren, das Chaum-Verfahren, nutzt dafür die Multiplikativität von RSA. Es wird im Folgenden genauer beschrieben (vgl. [Ber08, Abschnitt 3.1.1]).

Die Schlüsselerzeugung funktioniert identisch wie beim einfachen RSA Verfahren, das zu Beginn von 2.2 erklärt wurde. Der Benutzer, der eine gültige Signatur der signierenden Instanz erhalten möchte, wählt die zu signierende Nachricht x und eine zufällige, invertierbare Zahl r, um

$$B = r^e h(x) \bmod n$$

zu berechnen und an den Signierer zu senden. Dieser sendet

$$B^d \equiv r \cdot h(x)^d \bmod n$$

zurück. Der Benutzer errechnet r^{-1}, das Inverse von r modulo n, und bestimmt so $C = h(x)^d \bmod n$. Nun hat er die gültige Signatur (x, C) vom Signierer erhalten, ohne dass dieser x oder C kennt.

2.2.6 Signatur von Nachrichten mit Redundanz

Nun sollen aber die Sicherheitsprobleme behoben werden, die bei dem oben beschriebenen RSA-Signaturverfahren bemerkt wurden. Eine Möglichkeit das Verfahren anzupassen ist die Verwendung einer Redundanzfunktion

$$R : \mathbb{Z}_2^* \to \mathbb{Z}_2^*, w \mapsto R(w) = w \circ w.$$

Im wesentlichen wird verfahren wie zuvor. Es wird lediglich statt einer Nachricht m jetzt $R(m) = m \circ m$ signiert und bei der Verifikation wird nun geprüft, ob $w = s^e \bmod n$ in Binärdarstellung die Form $m \circ m$ hat. Ist dies der Fall, wird die Signatur akzeptiert.

So erhält das Verfahren die Eigenschaft der Nachrichten-Gewinnung. Außerdem ist es somit sicher gegen die Angriffe aus Abschnitt 2.2.4. Um eine existentielle Fälschung zu erzeugen, müsste ein Angreifer nämlich ein $s \in (0, ..., n-1)$ wählen, sodass die Binärdarstellung von $m = s^e \bmod n$ die Form $w \circ w$ hat. Es ist jedoch keine Methode bekannt, die das bewerkstelligen könnte. Auch die Multiplikativität kann nicht mehr ausgenutzt werden. Es ist nämlich höchst unwahrscheinlich, dass $m = m_1 m_2 \bmod n$ in Binärdarstellung die Form $w \circ w$ hat.

2.2.7 Signatur mit Hashwert

Auch dieses Signaturverfahren ist eine sichere Abwandlung vom oben beschriebenen RSA-Verfahren. Hierfür wird eine öffentlich bekannte, kollisionsresistente Hashfunktion

$$h : \mathbb{Z}_2^* \to \mathbb{Z}_n$$

verwendet. Diese ermöglicht beim RSA-Signaturverfahren mit Hashwert die Signierung beliebig langer Nachrichten. Es geht somit aber auch die Möglichkeit der Nachrichten-Gewinnung verloren.

Ausgangspunkt ist wieder ein RSA-Schlüsselpaar $((n, e), d)$. Eine Nachricht $m \in \mathbb{Z}_2^*$ wird nun signiert mit

$$s = h(m)^d \bmod n.$$

Zum Verifizieren wird der Hashwert $h(m)$ berechnet und geprüft, ob

$$h(m) = s^e \bmod n$$

gilt. Die Signatur ist genau dann gültig, wenn die Gleichung erfüllt ist.

So ist das Verfahren auch sicher gegen die einfache existentielle Fälschung und den Choosen-Massage-Angriff, die in Abschnitt 2.2.4 angeführt wurden. Es ist nämlich nicht möglich, eine Zahl $s \in (0, ..., n-1)$ zu wählen, für die sicher eine Nachricht m existiert mit $h(m) = s^e \bmod n$. Auch die Multiplikativität kann deshalb nicht mehr ausgenutzt werden. Denn, um die Signaturen zu zwei Hashwerte h_1, h_2 zu erhalten, deren Produkt die Signatur von $h(m)$ modulo n ergibt, müsste der Angreifer die Nachrichten m_1, m_2 mit $h(m_1) = h_1, h(m_2) = h_2$ finden können. Das ist aber auch unmöglich, vorausgesetzt die verwendete Hashfunktion ist wirklich sicher.

2.2.8 Signaturen aus Public-Key-Verfahren

Die hier vorgeführte Konstruktion des RSA-Signaturverfahrens lässt sich mit jedem anderen deterministische Public-Key-Verschlüsselungsverfahren nachahmen, sofern Ver- und Entschlüsselung vertauschbar sind. Dabei muss aber wie beim RSA-Verfahren eine Redundanz- oder eine Hashfunktion verwendet werden. Dieses Vorgehen wird in der Norm ISO/IEC 9796 spezifiziert (siehe [Tib11]).
Beim RSA-Verfahren ist diese Bedingung erfüllt, denn es gilt

$$(m^e)^d \equiv (m^d)^e \equiv m \ mod \ n.$$

2.3 Digital Signature Algorithm

Der Digital Signature Algorithm (DSA) ist eine effizientere Variante des El-Gamal-Signaturverfahrens (siehe [Buc16, Kapitel 12.7]). Er beruht auf der ElGamal-Signaturvariante von Claus Schnorr und wurde 1991 vom US-amerikanischen NIST vorgeschlagen und später zum Standard erklärt (siehe [Com13]).
Der DSA wir im Folgenden auf Basis von [Buc16, Kapitel 12.8] und [Car16, S. 3f] erklärt.

2.3.1 Schlüsselerzeugung

Der DSA-Schlüsselerzeugungsalgorithmus benutzt Parameterpaare $(k, l) \in \{(1024, 160),$ $(2048, 224), (2048, 256), (3072, 256)\}$. Anschließend werden eine l-Bit Primzahl q und eine k-Bit Primzahl p erzeugt, für die $q \mid p-1$ gilt. Wegen dieser Bedingung besitzt die Gruppe $\mathbb{Z}/p\mathbb{Z}$ Elemente der Ordnung q. Nun wird ein solches Element konstruiert, indem der Algorithmus durch ausprobieren ein $x \in \{2, ..., p-1\}$ mit der Eigenschaft

$$x^{(p-1)/q} \ mod \ p \neq 1$$

bestimmt und

$$g = x^{(p-1)/q} \ mod \ p$$

definiert. Somit hat die Restklasse $g \in p\mathbb{Z}$ dann Ordnung q. Zuletzt wird eine Zufallszahl $a \in \{1, 2, ..., q-1\}$ gewählt und

$$A = g^a \ mod \ p$$

berechnet. Der öffentliche DSA-Schlüssel ist dann (p, q, g, A). Der private Signierschlüssel ist a.

Beispiel 2.6 *Seien $p = 23$ und $q = 11$, denn so gilt $q = 11 \mid 22 = p - 1$.*
Dass die Bitlängen von p und q streng vorgegeben sind, werden wir in diesem Beispiel vernachlässigen, damit sich die Rechenvorgänge nachvollziehbarer gestalten.
Nun finden wird $x = 3 \in \{2, ..., 22\}$, so dass gilt

$$g = x^{(p-1)/q} \ mod \ p = 3^2 \ mod \ 23 = 9 \neq 1.$$

Die Zufallszahl $a \in \{1, 2, ..., 10\}$ sei 8. Damit berechnet man

$$A = g^a \bmod p = 9^8 \bmod 23 = 13.$$

Somit ist der öffentliche DSA-Schlüssel $(23, 11, 9, 13)$ und der private Schlüssel ist 8.

2.3.2 Signatur

Der Signieralgorithmus benutzt zum Signieren einer Nachricht m eine öffentlich bekannte kollisionsresistente Hashfunktion

$$h : \mathbb{Z}_2^* \to \{1, 2, ..., q - 1\}.$$

Er wählt eine Zufallszahl $k \in \{1, 2, ..., q - 1\}$ und berechnet damit

$$r = (g^k \bmod p) \bmod q$$

und

$$s = k^{-1}(h(m) + ar) \bmod q.$$

Dabei bezeichnet k^{-1} das multiplikative Inverse von k modulo q.
Die Signatur ist dann das Paar (r, s).

Beispiel 2.7 *Wir führen Beispiel 2.6 fort.*
Sei m die zu signierende Nachricht mit $h(m) = 5$.
Die Nachricht selbst brauchen wir für das Beispiel nicht fest zu legen.
Der Signierer wählt $k = 4$ und berechnet

$$r = (g^k \bmod p) \bmod q = (9^4 \bmod 23) \bmod 11 = 6.$$

Da $4k^{-1} \equiv 1 \bmod 11$ von $k^{-1} = 3$ erfüllt wird, kann nun

$$s = k^{-1}(h(m) + ar) \bmod q = 3 \cdot (5 + 8 \cdot 6) \bmod 11 = 5$$

berechnet werden. Die Signatur ist also das Paar $(6, 5)$.

2.3.3 Verifikation

Der Verifikationsalgorithmus erhält die Nachricht m, die Signatur (r, s), den Verifikationsschlüssel (p, q, g, A) und die Hashfunktion h als Eingabe.
Er prüft zunächst, ob $1 \le r \le q - 1$ und $1 \le s \le q - 1$ gilt. Wenn dies nicht der Fall ist, wird die Signatur sofort abgelehnt.
Ist die Bedingung erfüllt, wird noch die Gleichung

$$r = \left(\left(g^{(s^{-1}h(m)) \bmod q} A^{(s^{-1}r) \bmod q} \right) \bmod p \right) \bmod q$$

nachgerechnet. Gilt die Gleichheit, ist die Signatur "gültig", sonst nicht.
Um zu sehen, dass die Verifikationsgleichung für eine regulär erzeugte Signatur gilt, setzt

man die Formeln des Schlüsselerzeugungs- und Signieralgorithmus zur Berechnung von A, r und s in die Gleichung ein. Damit ergibt sich

$$g^{(s^{-1}h(m))\ mod\ q} A^{(s^{-1}r)\ mod\ q} \equiv g^{(s^{-1}(h(m)+ra))\ mod\ q} \equiv g^k\ mod\ p.$$

Beispiel 2.8 *Wir führen Beispiel 2.7 fort.*
Da $1 \leq 6 \leq 10$ und $1 \leq 5 \leq 10$ erfüllt sind, kann fortgefahren werden. Es wird vom Verifizierer noch $s^{-1} = 9$ bestimmt und $h(m) = 5$ ausgerechnet, dann kann in die rechte Seite der Verifikationsgleichung eingesetzt werden:

$$\left(\left(9^{(9\cdot 5)\ mod\ 11} 13^{(9\cdot 6)\ mod\ 11}\right)\ mod\ 23\right)\ mod\ 11 = ((9 \cdot 13^{10})\ mod\ 23)\ mod\ 11 = 6$$

Da $r = 6$ gilt, wird die Signatur für "gültig" befunden.

2.3.4 Sicherheit

Wie auch beim ElGamal-Signaturverfahren ist die Sicherheit des DSA auf das diskrete Logarithmen-Problem zurück zu führen. Das DSA-Verfahren zieht allerdings einen Effizienzvorteil daraus, dass die Exponenten nur modulo q gerechnet werden müssen. Damit reduziert sich das diskrete Logarithmen-Problem für den Angreifer auf eine Untergruppe von $\mathbb{Z}/n\mathbb{Z}$ der Ordnung q. Es ist jedoch für q in der vorgegebenen Größenordnung kein Verfahren bekannt, welches diese Tatsache ausnutzen kann.

Es sollte aber auf jeden Fall beachtet werden, dass die Zufallszahl bei jeder Anwendung neu gewählt wird, dass eine kollisionsresistente Hashfunktion benutzt wird und dass die Bedingungen $1 \leq r \leq q-1$ und $1 \leq s \leq q-1$ bei der Verifikation nachgerechnet werden. Andernfalls ergibt sich für einen Angreifer die Möglichkeit eine existenzielle Fälschungen zu erzeugen.

2.4 Merkle-Signaturverfahren

Einmal-Signaturverfahren (wie LD-OTS) sind recht unpraktikabel, da jedes Schlüsselpaar nur einmal verwendet werden darf. Das Merkle-Signaturverfahren löst dieses Problem, indem es einen binären Hashbaum verwendet, um die Gültigkeit vieler Einmal-Verifikationsschlüssel auf die Gültigkeit eines einzigen öffentlichen Schlüssels zurückzuführen. Ralph Merkle entwickelte das Verfahren und veröffentlichte es 1989 in [Mer89].

Um das Merkle-Signaturverfahren zu initialisieren, wird eine kollisionsresistente Hashfunktion $h : \mathbb{Z}_2^* \rightarrow \mathbb{Z}_2^n$, ein Einmal-Signaturverfahren und eine natürliche Zahl H, welche die Höhe des Binärbaumes und somit die Anzahl 2^H der verifizierbaren Signaturen festlegt, benötigt.

Das Merkle-Signaturverfahren wir im Folgenden auf Basis von [Buc16, Kapitel 12.9] und [Mer89] erklärt.

14

Beispiel 2.9 *Für dieses Beispiel wählen wir als Hashfunktion die Funktion h, welche einen Bitstring x auf die letzten drei Stellen der Binärdarstellung der Quersumme von x als Dezimalzahl abbildet.*
Wir wollen zum besseren Verständnis den Hashwert von $x = 11000000100001$ bestimmen. Als Dezimalzahl ist $x = 12321$. Die Quersumme davon ist 9. In Binärdarstellung ist neun 1001. Es gilt also $h(x) = 001$.
Als Einmal-Signaturverfahren benutzen wir LD-OTS. Es sei $H = 2$.

2.4.1 Schlüsselerzeugung

Zunächst erzeugt der Signierer $N = 2^H$ Schlüsselpaare $(x_i, y_i), 0 \leq i < N$, des Einmal-Signaturverfahrens. Dabei sind die x_i die Signierschlüssel und die y_i die Verifikationsschlüssel.
Dann muss der binäre Merkle-Hashbaum konstruiert werden. Es wird damit begonnen die Blätter gleich den Hashwerte der Verifikationsschlüssel $h(y_i), 0 \leq i < N$, zu setzen. Anschließend setzt man für die übrigen Knoten, von den Blättern aus bis hoch zur Wurzel, die Hashwerte $h(k_l \circ k_r)$. Dabei ist k_l der linke Kindsknoten und k_r der rechte Kindsknoten im Baum.
Der private Merkle-Signierschlüssel ist dann die Folge $(x_0, ..., x_{N-1})$. Der öffentliche Schlüssel ist die Wurzel R des Merkle-Hashbaumes.

Beispiel 2.10 *Wir setzen Beispiel 2.9 fort.*
Zunächst wählen wir vier LD-OTS Schlüsselpaare $(x_i, y_i), 0 \leq i < 4$. Wir werden sie hier nicht explizit angeben, da für die Konstruktion des Merkle-Hashbaums nur die Hashwerte dieser Schlüssel relevant sind. Seien also

$$h(y_0) = 110, h(y_1) = 001, h(y_2) = 010 \text{ und } h(y_3) = 101.$$

Damit ergibt sich für die Blätter im Merkle-Baum

$$H_{0,2} = 110, H_{1,2} = 001, H_{2,2} = 010, H_{3,2} = 101.$$

Die nächsthöhere Ebene errechnet sich dann zu

$$H_{0,1} = h(H_{0,2} \circ H_{1,2}) = h(110001) = 101$$

und

$$H_{1,1} = h(H_{2,2} \circ H_{3,2}) = h(010101) = 011.$$

Somit ist öffentliche Schlüssel die Wurzel

$$R = H_{0,0} = h(H_{0,1} \circ H_{1,1}) = h(101011) = 111.$$

Der geheime Schlüssel ist die Folge (x_0, x_1, x_2, x_3) der vier LD-OTS Signierschlüssel. Die Knoten des Hash-Baums wurden hier mit $H_{i,j}$ bezeichnet. Dabei ist i die horizontale Position von links her gezählt und j die Tiefe des Knotens im Baum. Ein Bild des Merkle-Hashbaums aus diesem Beispiel zeigt Abbildung 1.

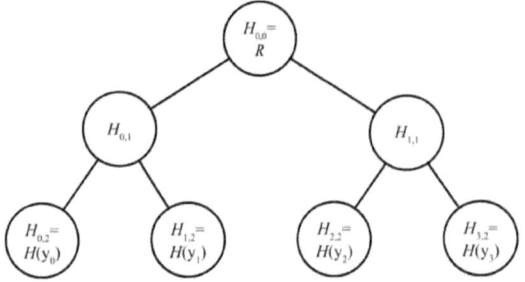

Abbildung 1: Merkle-Hashbaum der Höhe $H = 2$. [Buc16, Abb. 12.1]

2.4.2 Signatur

Zum Signieren einer Nachricht m wird zunächst ein Index i, der die Position des ersten noch nicht verwendeten Signierschlüssels speichert, benötigt.

Nun wird mit x_i die Einmal-Signatur S von m nach dem Signieralgorithmus des Einmal-Signaturverfahrens berechnen. Anschließend muss ein Authentisierungspfad bestimmen werden, damit der Verifizierer die Gültigkeit des Schlüssels y_i auf den öffentlichen Merkle-Schlüssel R zurückführen kann.

Der Authentisierungspfad ist eine Folge $(a_h, ..., a_1)$ von Knoten im Merkle-Hashbaum. Diese a_i ($h \geq i \geq 1$) bezeichnen die Knoten mit dem selben Elternknoten wie b_i und $(b_0, b_1, ..., b_h)$ ist der Pfad vom der Wurzel $b_0 = R$ zum Blatt $b_h = h(y_i)$.

Die Signatur von m ist dann $s = (i, y_i, S, (a_h, ..., a_1))$. Nach Erstellung der Signatur muss der Zähler i noch um eins erhöht werde.

Beispiel 2.11 *Wir setzen Beispiel 2.10 fort.*
Wir nehmen an, es wurden schon drei Nachrichten signiert und es gilt somit $i = 3$. Wir berechnen also mit x_3 die LD-OTS Signatur S der Nachricht m. Um den Authentisierungspfad zu bestimmen, lesen wir zunächst den Pfad

$$(b_0, b_1, b_2) = (H_{0,0}, H_{1,1}, H_{3,2})$$

von der Wurzel zum Blatt $H_{3,2} = h(y_3)$ aus. Der Authentisierungspfad ist dann

$$(a_2, a_1) = (H_{2,2}, H_{0,1}) = (010, 101).$$

Die Signatur ist also $(3, y_3, S, (a_2, a_1))$.

2.4.3 Verifikation

Der Verifizierer kennt die Nachricht m, ihre Signatur $(i, y_i, S, (a_h, ..., a_1))$, die verwendete Hashfunktion h und den öffentlichen Schlüssel R.

Zunächst verifiziert er S mit dem Verifikationsschlüssels y_i. Falls die Einmal-Signatur gültig ist, überprüft er die Gültigkeit von y_i mit dem Authentisierungspfad.

Dazu beginnt er mit der Berechnung bei $b_h = h(y_i)$. Außerdem benötigt er die Binärentwicklung $i_0 \cdots i_h$ von i, um heraus zu finden, ob das a_j aus dem Authentisierungspfad der linke oder rechte Nachbar von b_j (mit $0 < j \leq h$) im Binärbaum ist.

Nun werden die übrigen Knoten im Pfad nach einer rekursiven Vorschrift berechnet. Ist b_j bekannt, wird b_{j-1} wie folgt berechnet:

- Falls $i_j = 0$, gilt $b_{j-1} = h(b_j \circ a_j)$.

- Falls $i_j = 1$, gilt $b_{j-1} = h(a_j \circ b_j)$.

Wenn sich $b_0 = R$ ergibt, ist y_i der gültige Verifikationsschlüssel.

Beispiel 2.12 *Wir setzen Beispiel 2.11 fort.*
Der Verifizierer erhält die Signatur $(3, y_3, S, (a_2, a_1))$. Er überprüft zunächst die LD-OTS Signatur S mit dem Schlüssel y_3. Die Signatur S wir als gültig verifiziert. Nun muss nur noch die Gültigkeit von y_3 nachgerechnet werden.
Dazu bestimmt der Verifizierer zunächst $b_2 = h(y_3) = 101$. Es ist $i = 3$ als Binärzahl gleich $11 = i_1 i_2$.
Da $i_1 = 1$ ist $a_2 = 010$ der linke Nachbar von b_2 und es gilt $b_1 = h(010 \circ 101) = 011$. Da $i_0 = 1$ gilt dann $b_0 = h(a_1 \circ b_1) = h(101 \circ 011) = 111$.
Da $R = 111 = b_0$ bilt, ist der Schlüssel y_3 valide.

2.4.4 Sicherheit

Die Sicherheit des RSA-Signaturverfahrens beruht auf der Schwierigkeit des Faktorisierungsproblems. Die Sicherheit des DSA-Signaturverfahrens lässt sich auf die Schwierigkeit des Diskreter-Logarithmus-Problems in Einheitengruppen endlicher Körper zurück führen. Es ist aber nicht sicher, dass diese Probleme schwierig bleiben. Denn mit Quantencomputern können beide Probleme in Polynomzeit gelöst werden (siehe [Sho94]).

Die Sicherheit des Merkle-Signaturverfahrens hingegen beruht einzig auf der Sicherheit der verwendeten Hashfunktion und des benutzen Einmal-Signaturverfahrens. Es ist somit unabhängig von der Entwicklung der Quantencomputer-Technologie.

Sollte sich eine fürs Merkle-Verfahren benutzte Hashfunktion als unsicher herausstellen (wenn beispielsweise eine Kollision gefunden wurde), kann diese ganz einfach durch eine neue Hashfunktion ersetzt werden. Wie auch das LD-OTS ist also das Merkle-Verfahren sehr flexibel.

3 Zusammenfassung

Wir haben gesehen, dass das Thema digitale Signaturen in unserer heutigen Zeit höchst relevant ist. Außerdem wurden einige Verfahren vorgestellt, mit denen man selbst digitale Signaturen realisieren kann. Die gebräuchlichsten Verfahren sind dabei der DSA, wie er in [Com13] spezifiziert wird, oder ein RSA-Signaturverfahren, wie es in der Norm [JJ03] beschrieben wird. Auch die Elliptic-Curve-DSA Variante wird häufig genutzt; mehr zu elliptischen Kurven kann in [Buc16, Kapitel 13.2] nachgelesen werden.

Allerdings ist auch das Merkle-Signaturverfahren in Verbindung mit dem LD-OTS eine gute Alternative, bei der man sich keine Sorgen wegen Quantencomputern machen muss und die große Flexibilität bereitstellt. Um dieses Verfahren praktikabel zu implementieren, sollten allerdings noch einige Anpassungen vorgenommen werden (siehe [DJB08]).

Bei all diesen Verfahren sollte beachtet werden, dass eine sichere kryptographische Hashfunktion verwendet wird. Aktuell werden SHA-2 oder SHA-3 als Hashfunktionen empfohlen (siehe [Sch16, Abschnitt 2.3]).

Literatur

[Ber08] BERGNER, Martin: *Minimale Voraussetzungen für blinde Signaturen*, TU Darmstadt, Bachelorarbeit, 2008

[Buc16] BUCHMANN, Johannes: *Einfuehrung in die Kryptographie*. 6. Auflage. Springer Verlag, 2016

[Car16] CARMINATI, Barbara: Digital Signatures. In: LIU, Ling (Hrsg.) ; ÖZSU, M. T. (Hrsg.): *Encyclopedia of Database Systems*. Springer New York, 2016, S. 1–7

[Com13] COMMERCE/N.I.S.T., U.S. D.: *FIPS 186-4, Digital Signature Standard (DSS)*. National Technical Information Service. Springfield, Virginia, 2013

[DJB08] DANIEL J. BERNSTEIN, Johannes Buchmann und Erik D.: *Post-Quantum Cryptography*. Springer Verlag, 2008

[JJ03] J. JONSSON, B. K.: *Public-Key Cryptography Standards (PKCS) #1: RSA Cryptography Specifications Version 2.1*. RSA Laboratories, 2003

[Lam79] LAMPORT, L.: *Constructing digital signatures from a one way function*. SRI International Computer Science Laboratory, 1979

[Mer89] MERKLE, R.C.: A certified digital signature. In: CRYPTO'89 (Hrsg.): *Proceedings on Advances in Cryptology, Lecture Notes in Computer Science*. Springer, 1989, S. 218–238

[Sch16] SCHEME, SOG-IS Crypto E.: *Agreed Cryptographic Mechanisms*. 05 2016

[Sho94] SHOR, Peter W.: Polynomial-Time Algorithms for Prime Factorization and Discrete Logarithms on a Quantum Computer. In: *SIAM J. Comput.* (1994), S. 1484–1509

[Tib11] TIBOUCHI, Mehdi: ISO-9796 Signature Standards. In: TILBORG, Henk C. A. (Hrsg.) ; JAJODIA, Sushil (Hrsg.): *Encyclopedia of Cryptography and Security*. Springer US, 2011, S. 649–650

BEI GRIN MACHT SICH IHR WISSEN BEZAHLT

- Wir veröffentlichen Ihre Hausarbeit,
  Bachelor- und Masterarbeit

- Ihr eigenes eBook und Buch -
  weltweit in allen wichtigen Shops

- Verdienen Sie an jedem Verkauf

Jetzt bei www.GRIN.com hochladen und kostenlos publizieren